AF268189

PRINCIPES CONSTITUANTS

Propres à servir de bases à la

CONSTITUTION RÉPUBLICAINE

FRANÇAISE,

RÉDIGÉS PAR

Le Citoyen **GUSTAVE BIARD,**

AU NOM DU CLUB

La Sentinelle Constituante;

PRÉCÉDÉS DE QUESTIONS A POSER AUX CANDIDATS A L'ASSEMBLÉE NATIONALE.

Homo sum ; humani nihil à me alienum puto. —
Je suis homme ; rien de ce qui intéresse mes
semblables ne m'est étranger.   (TÉRENCE.)

15 CENTIMES.

SE TROUVE

CHEZ LES CITOYENS :
Briouse, 30, rue de Bondy ;
Lasnier, 19, rue Pierre-Levée.
Prieur, 40, rue des Vinaigriers.
Biard, 6, rue Lamartine.
Au Club, rue r. Nve. St.-Élisabeth.

PARIS — 8 AVRIL 1848.

ONT CONTRIBUÉ

A l'Impression des présents Principes ,

LES CITOYENS

J. Briouse, C. Briouse, E. Briouse, L. Briouse, Lasnier, Flamant, Pickaert, Galé, Giani, Caron, Dubreuil, F. Lofgnez, C. Demion, A. Pilou, Aupetit, L. Bisson, P. Mazerolle, Mazaud, Le Cottier, L. Jourdain, J. Olivier, Bénier, Vergnes, Frappart, Taquard, Lebois, Gilbert, Vindeckie, P. Camadet, A. Bernard, Bouvier, Vᵉ Cauvain, Gouvet, Delatre, Prieur, Gareau, Parmentier, Cornet, Serre, Ferrand, Deshayes, Faguet, Muller, Bertin , etc.

Les citoyens qui voudront devenir membres de notre Club et nous aider de leur coopération pour l'impression des présents Principes, qui servent en même temps de Manifeste au Club *La Sentinelle Constituante,* voudront bien adresser leurs offrandes aux Citoyens :

> Briouse, président du Club, 30, rue de Bondy.
>
> Lasnier, vice-président, 19, rue Pierre-Levée.
>
> Biard, vice-président, 6, rue Lamartine.
>
> Prieur, 40, rue des Vinaigriers.
>
> Ch. Briouse, délégué, rue St-Laurent, 43. (Belleville.)

Imprimerie Ph. Cordier, rue du Ponceau, 24.

AVERTISSEMENT.

Chacun de nous saisit le travail social par le côté qui correspond à la nature de son esprit. Nous sommes préoccupé, nous, du besoin de définir les principes constituants propres à servir de bases à la Constitution républicaine française. L'Assemblée nationale, selon nous, n'est point appelée à imaginer des principes autres que ceux qui séjournent au fond du cœur du Peuple ; elle est simplement appelée à consacrer ces principes, à leur donner une forme constitutive. Nous n'anticipons donc pas sur ses droits lorsque nous formulons les Principes constituants propres à servir de bases à la Constitution ; nous agissons, au contraire, dans la plénitude de notre droit, nous prenons nos garanties contre toutes les éventualités possibles. Ces *Principes*, que notre but est de propager avant et pendant toute la durée de l'Assemblée nationale, sont un *Vade-mecum* constituant à l'aide duquel tous les électeurs républicains pourront apprécier rigoureusement comment travailleront leurs représentants ; de combien ils s'éloigneront ou se rapprocheront des professions de foi qu'ils auront faites, et surtout des principes de justice éternelle à introduire dans la Constitution.

QUESTIONS

Quelles étaient vos relations avant la Révolution de Février ?

Avez-vous un avoir personnel ? Quelle en est la source ?

Dans quel événement avez-vous marqué ? — Quels ont été vos témoins les plus connus ?

Avez-vous écrit ? Citez ce que vous avez écrit dans sa substance. Indiquez les sources.

Quel genre de sacrifices avez-vous faits à la cause révolutionnaire antérieurement à Février ?

Pouvez-vous affirmer, la main sur la conscience, que nul n'a à vous reprocher, même sans preuve judiciaire, un acte d'immoralité, un acte de détournement, un acte d'ivrognerie que cacherait votre vie privée ?

Quel est, pour vous, l'élément nouveau surgi de la Révolution ?

Par quel côté spécial saisissez-vous la question de la régénération sociale ?

Quelle idée dominante chercherez-vous à faire prévaloir dans la constitution ?

En quoi la propriété à venir devra-t-elle différer de la propriété actuelle ?

PRINCIPES.

Le Peuple français , convaincu que le despotisme et la misère sont la conséquence de la perversion des droits de l'homme et des devoirs du citoyen , et le foyer des malheurs du monde, a résolu d'exposer , dans une déclaration solennelle , c'est-à-dire conforme à l'unité , à l'indivisibilité, à la majesté d'un grand peuple, ces droits et ces devoirs, bases de l'ordre social, afin que tous les citoyens les ayant gravés dans le cœur, dans la poitrine et dans la tête, les rappellent sans cesse , soit individuellement , soit collectivement, au gouvernement chargé de les appliquer, au magistrat préposé pour les interpréter, au législateur appelé à en pénétrer les institutions.

En conséquence , l'esprit plein de la foi que l'Être Suprême le seconde, il proclame solennellement la Déclaration suivante des droits de l'homme et des devoirs du citoyen.

Art. 1. Les droits de l'homme ont pour expression ses besoins généralisés; d'où il suit que tout droit qui ne peut être étendu à tous n'en est pas un. La légitimité et l'honnêteté de tout droit sont donc dans la possibilité de l'universaliser.

2. Trois droits généraux résument tous les besoins de l'homme, savoir :

> Le droit de vivre ,
>
> Le droit de penser,
>
> Le droit d'agir,

chacun d'eux s'exerçant dans la mesure de ce principe de morale naturelle : *Ne fais pas à un autre ce que tu ne veux pas qui te soit fait.*

3. Les devoirs du citoyen consistent dans les charges ou fonctions qui lui sont dévolues par la nature même de ses aptitudes.

Le Travail, de quelque espèce qu'il soit, de l'exercice de n'importe quelle faculté il émane, pourvu qu'il concoure à l'utilité générale, au bien-être commun, le Travail résume tous les devoirs du citoyen.

4. Le but moral de la société est donc de coordonner les devoirs du citoyen avec les droits de l'homme, en vue de procurer et de garantir à tous sans exception ce qu'il est raisonnablement possible d'entendre et de concevoir du bonheur terrestre.

Son but matériel ou politique est d'abolir l'ignorance et la misère, en procurant et en garantissant intégralement à chacun une éducation générale, une instruction professionnelle, une fonction *ad hoc* à son aptitude, et à défaut de ces trois choses qui découlent les unes des autres et qui se lient, une assurance fixe d'existence pour les invalides de naissance, d'âge ou par accident.

5. Les droits et les devoirs forment la matière des institutions. Les institutions sont donc les instruments du bonheur social.

Toute institution qui ne suppose pas la société basée sur le Travail de tous sans exception est immorale, çà la seule raison que le Travail est l'unique source honnête d'existence à l'usage de chacun.

6. La souveraineté sociale crée les institutions. Cette souveraineté, malheureusement, est forcée de se déléguer, c'est-à-dire qu'elle ne peut s'exercer massivement, directement. De là la décomposition de la souveraineté sociale en souveraineté déléguée et en souveraineté directe.

7. La souveraineté déléguée, émane de l'élection. L'élection doit s'étendre à tout. Il n'est point d'acte collectif exercé par le Peuple souverain où l'élection ne doive agir. En dehors de l'élection, il y a imposition, despotisme. Pouvoir législatif, pouvoir exécutif, pouvoir judiciaire, pouvoir criminel, pouvoir mili-

taire, office privé, tout, absolument tout, doit passer par l'élection immédiate et directe de tous.

8. L'unité souveraine est dans la dépendance mutuelle des pouvoirs délégués. Ainsi, de l'Assemblée nationale ou Convention doivent relever le pouvoir exécutif, le pouvoir administratif, le pouvoir militaire, le pouvoir municipal, la trésorerie nationale, la justice civile et criminelle, la stipulation des traités de guerre et de paix, etc.

9. Pour modérer ce qu'il y a d'inévitablement excessif dans l'action de la souveraineté déléguée, il faut, à côté de celle-ci, le concours de l'Assemblée populaire ou club, qui surveille sans cesse les actes de la souveraineté sociale par délégation, car celle-ci peut toujours, à un moment donné, se constituer en tyrannie.

Il convient donc que la constitution décrète que le club est d'existence officielle et légale, sinon la Révolution peut courir le risque d'aller se perdre aux mains de la souveraineté déléguée, assez habile pour s'être fortifiée de l'appui de tous les affamés d'ordre public monarchique, oligarchique ou autre.

10. La propriété est le terme des efforts de tout homme; il faut la définir. Elle a pour principe le travail personnel, et comme telle seulement elle est inviolable et sacrée. Est-elle le produit de l'exploitation de l'homme par l'homme sous forme de location, de prêt à usure, de fermage, etc., la propriété est encore à respecter comme un droit consacré par le temps, mais elle n'est plus, en principe, qu'une institution indéfiniment modifiable.

11. L'agriculture, l'industrie, le commerce, auxquels correspondent la matière première, la matière manufacturée et la matière distribuée, sont la source de toute propriété matérielle. Il faut à ces trois

grandes sources de la fortune publique une législation. Cette législation a pour but l'organisation du Travail. Celle-ci est impossible sans l'admission d'un principe qui en règle les conditions : ce principe est l'Association ; les conditions de toute association sont indéfiniment perfectibles, c'est-à-dire qu'elles ne peuvent, d'un premier bond, prétendre à équilibrer parfaitement tous les intérêts ; mais c'est à la souveraineté déléguée et à la souveraineté directe à veiller à ce qu'elle converge de plus en plus vers l'égalité, qui est la dernière expression de toute justice générale et privée.

12. La législation agricole, industrielle et commerciale se compose momentanément de tous les moyens transitoires propres à transformer graduellement la *propriété dite d'exploitation* en *propriété du travail personnel*, basée sur la devise démocratique : *Liberté, Égalité, Fraternité.*

Un des moyens de transition dont l'esprit public est déjà saisi, et qui doit faire passer, par la seule force des choses, la direction de l'activité agricole, industrielle et commerciale des mains de l'exploitation privée en celles de la République sont les Ateliers nationaux.

Un des premiers devoirs de l'Assemblée nationale sera de les appliquer à la culture de toutes les terres incultes de la France, et de les combiner avec un système de banques, qui permette de multiplier les transactions à l'infini, sans avoir recours à un grand déplacement de numéraire.

13. C'est la nécessité malheureuse où se trouve placé un peuple de se faire représenter par un État, en d'autres termes, de déléguer sa souveraineté directe, qui entraîne la nécessité d'un impôt public. L'impôt est donc dû par tous, mais dans une pro-

gression évidemment différente, puisque la richesse n'est pas le partage de tous. C'est à la loi à établir la progression de l'impôt.— Celui qui doit le plus est le rentier parce que c'est celui dont la source d'existence offre seule de la fixité. Celui qui ne doit rien est l'ouvrier, parce que c'est celui dont la source d'existence n'offre aucune fixité ; le négociant, l'entrepreneur, le capitaliste, doivent à l'impôt en raison de leurs bénéfices annuellement constatés.

Quand la République aura transformé la propriété dite d'exploitation en propriété du travail ; en d'autres termes, quand l'association aura remplacé partout l'individualisme, l'impôt ne sera plus qu'une masse distraite, sans frais, de la richesse sociale, et relative à cette masse ; alors plus d'impôts particuliers, et conséquemment amoindrissement de l'impôt pour chacun.

14. La liberté n'est jamais le droit de se refuser à un devoir commun ; c'est la faculté de jouir comme on l'entend du fruit d'un labeur utile à la société. C'est aussi le droit de résister à l'oppression de ceux qui gouvernent ; de pourvoir à sa sûreté personnelle ; de faire tout ce qui ne nuit pas aux droits d'autrui, de manifester sa pensée sans aucune espèce d'entraves ; de s'assembler sous une forme quelconque dans un but de sûreté et de conservation.

15. L'égalité est la représentation de tous les droits, le maintien de tous les devoirs, l'accomplissement des uns et la satisfaction des autres ; en un mot, la fraternité politique.

16. L'égalité est la loi du mariage, la foi jurée en est le lien ; le divorce est le droit de l'un des deux époux qui justifie avoir à se plaindre de l'autre. La loi doit protection à celui qui réclame le divorce.

Un jury spécial, composé d'un nombre égal d'hommes et de femmes, juge, en dernier ressort, sur la question spéciale de tous cas de divorce. — La loi a une déférence particulière pour la femme qui est mère; celle-ci a deux voix pour une en justice.

L'égalité fortifiera la famille du sang, mais elle détruira la famille privilégiée, laquelle ayant un intérêt différent de celui de la famille générale ou société, entretient précisément, au sein de celle-ci, l'individualisme, et mettra, dès-lors, aussi longtemps qu'elle subsistera, la Révolution française en péril, et donnera à la monarchie l'espoir invincible de se reconstituer un jour, car la monarchie se fonde précisément sur la division indéfinie des intérêts.

17. La législation du Travail, dont l'Assemblée nationale ne pourra que jeter les bases, et que les Législatives parachèveront, a donc nécessairement pour but d'effacer insensiblement la propriété solitaire ou individuelle, la famille privilégiée, les grandes fortunes privées; de fonder la propriété collective du fonds, la propriété spéciale et individuelle du Travail, la famille sympathique du sang, en en dégageant l'essence morale de toute combinaison intéressée; de substituer partout le travail *attrayant* à l'exploitation de l'homme par l'homme sous toutes les formes.

Pour entrer dans cette voie, les législateurs auront à proclamer l'abolition immédiate des successions au degré collatéral. — Les successions aux autres degrés seront simplement frappées immédiatement d'un droit proportionnel et progressif: la force seule des choses devant les éteindre insensiblement par la réalisation progressive du but matériel de la République, qui est (art. 4), d'abolir la misère, en procurant et en garantissant intégralement à chacun une éducation générale, une instruction professionnelle, une fonction *ad hoc* à son aptitude, et à défaut de ces trois choses, qui découlent les unes des autres et qui se lient, une assurance d'existence fixe pour les invalides de naissance, d'âge ou par accident.

18. La fraternité est le lien sympathique qui unit la liberté à l'égalité, et sans laquelle la liberté ne serait qu'un sauvage privilège à l'usage du plus fort agissant contre le plus faible, et l'égalité un mot vide de sens.

19. Les lois sont la matière des institutions, comme celles ci sont la matière des droits et des devoirs.

Le caractère des lois est révolutionnaire, c'est-à-dire qu'elles ne doivent contenir aucune prescription qui enchaîne la volonté souveraine, mais seulement être l'expression de son vœu actuel.

20. Toute loi qui n'impliquerait pas dans son esprit pour conséquence dernière l'égalité, est ou perfide, ou incomplète : perfide si elle émane de l'égoïsme, incomplète, si elle émane de l'ignorance.

Plus il y a de lois, plus il est de portes ouvertes à l'improbité du magistrat. Le petit nombre de lois atteste la probité des législateurs et la maturité d'un peuple. — Les lois, décrets, jugements, et tous autres actes publics sont rendus *au nom du peuple français, l'an... de la République Française,* etc.

Entre le projet de toute loi et sa promulgation, il doit s'écouler 60 jours, afin que l'universalité des citoyens la puisse étudier, méditer, commenter.

21. Un peuple de travailleurs, c'est-à-dire dont tous les membres tirent leur existence de la fonction qu'ils exercent, un peuple de travailleurs dont chaque chef de file n'est relativement qu'un premier ouvrier ; un peuple de travailleurs qui base sa constitution sur le triangle de la liberté, de l'égalité et de la fraternité, n'a rigoureusement besoin, pour législation, que de règlements qu'il révise en tout ou en partie, à mesure

que l'expérience lui en démontre l'implénitude ou le caractère défectueux.

Encore une fois, la multiplicité des lois est le propre des monarchies : la garantie de la Révolution est dans la probité des révolutionnaires, dans la droiture des magistrats, dans l'unité et la simplicité des principes fondamentaux constitutifs de l'ordre social.

En effet, quel acte subversif ne peut être éclairci , jugé par le secours de l'un de ces trois termes : *liberté, égalité, fraternité*, puisque tout crime, quelle qu'en soit l'espèce, est toujours une violation de l'un de ces trois droits à l'égard de quelqu'un de nos semblables.

22. L'application des juges-de-paix à tous cas de justice civile, commerciale et autre, et celle du jury à tous cas de justice criminelle, sont dans l'essence d'un gouvernement basé sur l'égalité. Tout autre mode d'administrer la justice en général est un vol fait aux citoyens.

23. Un peuple de travailleurs qui sait ce que l'égoïsme peut entreprendre contre la liberté, l'égalité, la fraternité, et encore contre l'unité, l'indivisibilité de la République; ce peuple, tout en respectant les magistrats qui exercent sa souveraineté par délégation, se tient en armes à perpétuité, fait lui-même sa police, et ne souffre jamais qu'une force armée déléguée l'exerce en son nom.

24. La magistrature d'un peuple républicain est d'une extrême simplicité. Les magistrats sont électifs et annuels, et pris parmi les travailleurs , afin qu'en se démettant de leurs fonctions ils ne soient point à charge à la République; le Peuple salarie les magistrats ; s'ils remplissent dignement leur mandat, le Souverain est le maître de les réélire ; mais comme l'exercice du pouvoir pervertit généralement l'homme, et laisse à penser aux meilleurs qu'ils sont les plus di-

gnes, des travailleurs républicains expérimentés ne confient jamais plus d'un an le pouvoir au même homme.

Dans notre sentiment particulier, un an nous paraît même un laps de temps trop considérable ; toute magistrature ne devrait durer que six mois.

L'honneur de présider un peuple républicain est d'ailleurs un excitant qu'il est utile de tenir toujours en action, afin d'appeler un plus grand nombre de magistrats à la suprématie des vertus. Quelle gloire enivrante et douce pour le magistrat que le peuple ira chercher au fond d'un atelier, comme autrefois les Romains arrachèrent plusieurs fois Cincinnatus à sa charrue pour le mettre à la tête de la République !

L'ivrognerie, le libertinage, l'amour du jeu, l'avarice, et toutes passions qu'on ne peut publiquement confesser, sont des empêchements à l'exercice d'aucune magistrature. Celui qui en sera accusé devra s'en justifier publiquement, ou se retirer.

25. Tout magistrat doit, en se démettant de ses fonctions, rendre un compte public de sa gestion, faire connaître l'état de son avoir, et fournir la preuve qu'il n'a pas acquis, au service de la République, un denier en sus des émoluments de sa charge ; il doit des excuses à celui qui aurait légitimement à se plaindre de la hauteur, de l'insouciance, du dédain ou de la négligence avec laquelle il aurait agi à son égard dans l'exercice de sa charge.

26. Les appointements de la magistrature sont tarifés. Ils ne peuvent être moindres de 2,000 francs ni s'élever plus haut que 10,000 francs. — Le cumul est interdit. — Les frais qu'entraînent certaines charges, sont estimés, contrôlés et soldés à part.

Le Président de la République, seul, ne touche rien ; il est pourvu à ses besoins, à ses dépenses, aux nécessités de sa charge par l'état républicain. Il se démet de la présidence en remerciant la République de la confiance qu'elle a eue en lui.

Pour avoir des magistrats intègres, il faut que la magistrature soit une œuvre de désintéressement : c'est le seul moyen d'empêcher que les fripons et les dominateurs ne la convoitent.

27. La dénomination de la forme sociale par laquelle s'exerce la souveraineté d'un peuple de travailleurs est celle de *République*, c'est-à-dire *mise en œuvre par tous de la chose publique*. Toute autre dénomination impliquerait un crime de lèze-souveraineté du peuple, car elle exclurait la coopération de tous, et de chacun à la chose publique.

28. C'est un malheur inhérent à tout peuple, qu'il lui faille une force armée pour faire respecter extérieurement sa nationalité. Ce malheur, qui atteste que le despotisme est toujours quelque part, peut être atténué de deux manières d'une extrême simplicité : Le premier est d'appliquer l'armée, en temps de paix, à des travaux d'utilité publique ; de la transformer encore en une école permanente théorique et d'application. Le second moyen est de décréter que les insignes du commandement militaire appartiendront à l'État, qui en décorera temporairement qui de droit ; que ces insignes ne conféreront aucun généralat absolu, mais seulement accidentel ; qu'une fois la guerre, qui ne peut jamais être que défensive, évitée ou terminée, les insignes du commandement rentreront au garde-meuble national, et le chef militaire reprendra la place qu'il occupait dans les rangs des citoyens travailleurs.

29. Un peuple de travailleurs met la tempérance et la modération à l'ordre du jour permanent, parce qu'il sait que la santé en découle, et que c'est le

moyen de former des générations d'hommes forts et généreux, de femmes aimantes, honnêtes et belles, de fonder l'ordre moral à perpétuité, de faire respecter la Révolution, d'étendre à tous le bien-être, d'épouvanter les corrompus qui recherchent le superflu qu'ils ne pourront plus rencontrer; de porter le dernier coup aux rois ou spoliateurs des peuples, de fonder, en un mot, la République par les mœurs.

3o. Le principe des fêtes d'un peuple libre est humanitaire et commémoratif. Ces fêtes ont pour symbole le sacerdoce de l'humanité, et non le sacerdoce d'aucune forme spéciale de religion. Tous les martyrs de la cause égalitaire et fraternelle en sont les héros ; le peuple artiste est le grand-prêtre des fêtes humanitaires d'un peuple libre. Le théâtre, les chaires d'églises les chaires évangéliques, les orients maçonniques sont des instruments de moralisation universelle.

Un peuple de travailleurs qui professe la liberté, l'égalité, la fraternité remet le dépôt de sa constitution sous la garde de tous les sentiments nobles, et ordonne qu'elle sera gravée sur l'airain et exposée à la vue de tous sur les places publiques.

VIVE LA RÉPUBLIQUE!